GUIA RAPIDA DE SERVICIO AL CLIENTE

PRESENTADO POR GIANCARLO HERNANDEZ VELA

Copyright ©2023. Todos los derechos reservados.

Este libro lo dedico a mi familia y en especial a mi esposa, Rommy Valer. Este libro no habría sido posible sin su amor, apoyo y paciencia. Gracias por estar siempre a mi lado, incluso en los momentos difíciles. Su amor incondicional y su confianza en mí me han dado la fuerza para seguir adelante y perseguir mis sueños.

CONTENIDO

Introducción 5

Entendiendo las necesidades del cliente 9

Estableciendo las expectativas del servicio 19

Comunicación efectiva con el cliente 27

KPI y la medición de la experiencia al cliente 35

Resolución de problemas y gestión de quejas 47

Gestión del tiempo 56

Trabajo en equipo y la colaboración 65

Servicio al cliente a través de la multicanalidad: redes sociales, WhatsApp y la IA 72

Servicio al cliente en situaciones de crisis y la continuidad del negocio 82

Conclusiones 93

Referencias Bibliográficas 96

INTRODUCCIÓN

El servicio al cliente es una de las partes más importantes de cualquier negocio, ya que se trata de la forma en que una empresa interactúa con sus clientes antes, durante y después de la compra de un producto o la adquisición de un servicio. Un buen servicio al cliente no solo puede mejorar la experiencia del cliente, sino que también puede aumentar la fidelidad de los mismos, la reputación de la empresa y, en última instancia, el éxito financiero de la misma.

El servicio al cliente se ha vuelto aún más importante debido a las tendencias modernas en el consumo. Los clientes tienen más opciones y acceso a información en línea, lo que les permite comparar precios, productos y servicios de forma más rápida y fácil. Las redes sociales y otros medios digitales han dado a los clientes una plataforma no solo para conocer a las empresas sino también para expresar sus opiniones sobre ellas y sus experiencias. Esto significa que las empresas deben ser más proactivas en su enfoque del servicio al cliente, para asegurar una experiencia positiva y evitar el daño a su reputación.

Una de las tendencias más importantes respecto a la atención del cliente es la personalización. Los clientes esperan que las empresas conozcan sus necesidades y preferencias individuales y ofrezcan soluciones personalizadas para satisfacerlas. Esto puede ser un desafío, especialmente para aquellas empresas que manejan grandes volúmenes de clientes. Sin embargo, las empresas que procuran proporcionar una experiencia personalizada tienen más posibilidades de retener a sus clientes, aumentar su lealtad y atraer nuevos prospectos.

Otra tendencia importante en el servicio al cliente es la automatización. Las empresas están utilizando cada vez más la tecnología para brindar un servicio al cliente más eficiente y rápido. Por ejemplo, los chatbots y los asistentes virtuales pueden responder preguntas comunes y resolver problemas sin la necesidad de intervención humana. La automatización puede mejorar la eficiencia del servicio al cliente, pero también puede resultar en una experiencia impersonal y frustrante para los clientes si no se hace correctamente.

El servicio al cliente también es crucial durante los momentos de crisis. Las empresas deben estar preparadas para hacer frente a situaciones imprevistas como la interrupción del servicio por falla del sistema, desastres naturales, problemas de salud pública o interrupciones en la cadena de suministro que puedan afectar la experiencia del cliente. En estos momentos, la capacidad de una empresa para proporcionar alternativas de solución y un servicio excepcional puede marcar la diferencia en su supervivencia, el éxito a largo plazo y la diferenciación con la competencia.

La empatía y la rapidez en la atención al cliente también son fundamentales. Los clientes esperan que las empresas se preocupen por ellos y sus necesidades individuales. Ofrecer soluciones personalizadas, actuar de forma rápida a sus problemas creando la sensación de criticidad y hasta disculparse por errores, son expectativas vigentes en cada cliente. Las empresas que pueden demostrar empatía tienen más posibilidades de retener a sus clientes y mantener una reputación positiva.

La transparencia también es importante ya que los clientes esperan que las empresas sean honestas y transparentes en sus comunicaciones y políticas. La falta de transparencia puede generar desconfianza afectando directa y negativamente la experiencia del cliente.

En resumen, el servicio al cliente es un aspecto crítico de cualquier negocio. En un entorno cada vez más competitivo y digital, la calidad del servicio al cliente se ha vuelto aún más importante para la lealtad y la satisfacción del cliente, así como para la reputación y el éxito financiero de la empresa. En tiempos de crisis, la capacidad de una empresa para proporcionar un servicio al cliente excepcional puede marcar la diferencia en su supervivencia y éxito a largo plazo. Por lo tanto, es fundamental que las empresas se centren en ofrecer un servicio al cliente de alta calidad, tanto en tiempos normales como en momentos de incertidumbre.

ENTENDIENDO LAS NECESIDADES DEL CLIENTE

Entender las necesidades del cliente es una parte fundamental de cualquier estrategia de negocios, ya que permite ofrecer productos y servicios que sean relevantes y valiosos para un usuario, sean o no clientes directos de una empresa.

Conocer estas necesidades abre un mundo de posibilidades a la empresa, desde la implementación o corrección de medidas en el proceso del servicio al cliente hasta la adaptación o lanzamiento de productos, todo con el fin de captar la atención de los usuarios. Y no solo esto, sino que contar con este conocimiento permite implementar soluciones innovadoras y la atención personalizada a sus inquietudes y problemas.

Además, entender las necesidades del cliente es importante para poder brindar un servicio excepcional y diferenciado, lo que puede ayudar a fidelizar a los clientes, aumentando su lealtad a la empresa y reduciendo el riesgo de migrar a la competencia. Esto puede incluir la resolución rápida de problemas y la capacidad de adaptarse a los cambios y expectativas del cliente.

Asimismo, conocer a los clientes y sus necesidades permite enfocarse en crear una ventaja competitiva enfocada en la innovación constante y la adaptación a las tendencias del mercado, así como la implementación de estrategias de marketing efectivas que permitan llegar a los clientes de manera eficaz.

Y es que la evolución del Marketing y el conocimiento del cliente y de sus necesidades han ido de la mano durante mucho tiempo. Es asi que podemos identificar 3 etapas muy marcadas:

1. Primera etapa, la cual estaba enfocada en la generación del producto o servicio en sí, sin el conocimiento del consumidor ni de sus necesidades. Estos productos y servicios buscan satisfacer necesidades desde la óptica de la empresa y la publicidad que se utilizaba eran las tradicionales como radio, televisión o medios impresos. Esta etapa también es conocida como Marketing 1.0.

2. Segunda etapa, se enfoca en el consumidor y qué necesidades intrínsecas tiene para luego buscar satisfacerlas con los productos y servicios que se puedan generar. Las empresas se enfocan en conocer a sus consumidores y no solo en

conseguir números por las ventas, buscan crear un valor emocional que atraiga y retenga a sus clientes otorgando valor en las interacciones en las etapas de pre venta y post venta. Esta etapa también es conocida como Marketing 2.0.

3. Tercera etapa, se enfoca en la búsqueda de las necesidades más profundas del cliente y construir una relación con el cliente más profunda. Las empresas ya saben que satisfacer necesidades no solo es lanzar productos al mercado, por lo que a través de este Marketing 3.0 las empresas, entre otros factores, se enfocan en satisfacer las necesidades emocionales y colectivas de los clientes (y se lo hacen saber) fidelizándolos al mismo tiempo.

Para identificar y comprender las necesidades del cliente, es importante establecer una comunicación efectiva y una relación de confianza. Esto puede incluir la realización de entrevistas o encuestas con el cliente, o la observación directa de sus compras y patrones de consumo.

Es fundamental escuchar atentamente lo que el cliente tiene que decir y hacer preguntas para aclarar cualquier duda o ambigüedad.

Escuchar con detenimiento al cliente y hacer preguntas para aclarar cualquier duda es una parte fundamental de la identificación y comprensión de sus necesidades. Al prestar atención a lo que nos está diciendo podemos obtener insights valiosos sobre lo que requiere ahora, lo que anhela en el mediano y largo plazo, sus expectativas y preferencias de consumo, entre otros.

Además, al escuchar y hacer preguntas, se demuestra al cliente que se le valora y se tiene interés en entender sus necesidades. Esto puede ayudar a establecer una relación de confianza y a fomentar la lealtad del cliente hacia la empresa.

Es importante también tener en cuenta que atender la voz del cliente puede ayudar a evitar malentendidos y a resolver problemas en el corto plazo y de manera más eficaz. Por ejemplo, si el cliente tiene una queja o un problema, es fundamental escucharlo atentamente y hacerle preguntas específicas para comprender la situación y poder ofrecer una solución adecuada.

Asi como en el proceso de mejora continua el ciclo de trabajo es cíclico buscando continuamente "mejorar" respecto al punto de partida, el proceso de escucha del cliente tiene la misma estructura que comienza con la escucha del usuario y termina con la escucha del usuario:

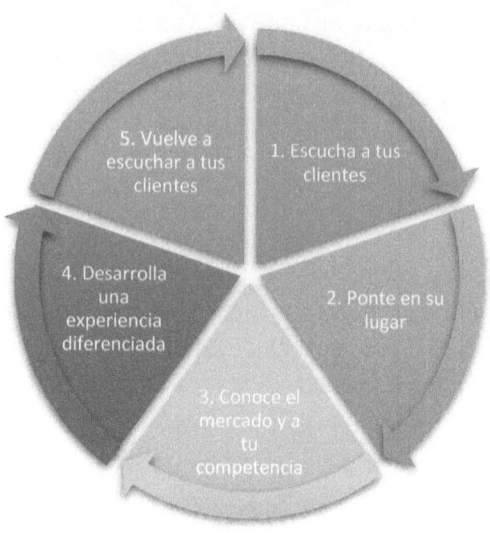

Como en cualquier relación de dos o más personas, el conocimiento de la forma de pensar no es suficiente para entender el comportamiento, para ello es necesario agregar la empatía, es decir, ver la realidad desde el punto de vista del cliente para una mejor comprensión de la situación y sus reacciones.

Los clientes por lo general reacciones principalmente bajo 2 conceptos básicos: buscará satisfacer sus necesidades bajo las mejores condiciones y sentirá lealtad con el proveedor que le proporcione la mejor experiencia junto a los mejores beneficios. Y es que las necesidades pueden ser cubiertas de diversas formas, pero brindar una experiencia diferenciada y única mientras se cubre una necesidad hace que el cliente quiera repetir una y otra vez la misma experiencia.

Otra forma de comprender las necesidades del cliente es analizar el mercado, la competencia directa y los productos que podrían ser considerados como sustitutos. Esto puede ayudar a identificar las tendencias en el mercado, las necesidades no satisfechas y las necesidades satisfechas parcialmente, así como a determinar cómo se puede ofrecer un producto o servicio único y diferenciado con alto valor para el cliente.

Además de identificar y comprender las necesidades del cliente, es importante también proporcionar soluciones adecuadas y eficaces para satisfacer esas necesidades, servicios que envuelvan al cliente en una experiencia innovadora. Esto puede incluir la personalización de productos o servicios para adaptarlos a las necesidades específicas del cliente, o la implementación de medidas de atención al cliente para resolver cualquier problema o inquietud.

También es necesario tener en cuenta que las necesidades del cliente pueden cambiar con el tiempo, por ello debemos estar atentos a estos cambios y adaptarnos a ellos de manera oportuna y eficiente para. En la medida que las empresas puedan adoptar en su cultura esta adaptabilidad al cambio de tendencia de las necesidades del cliente y del mercado, podrá brindar productos y servicios nuevos o adaptar los ya creados a dichas tendencias con mayor rapidez que su competencia obteniendo una ventaja competitiva en el mercado y la atención de los clientes quienes verán cubiertas sus expectativas de forma más eficiente.

Antes los usuarios de automóviles buscaban solo el beneficio del transporte personal o de sus bienes de un lugar a otro, luego se quiso implementar otros beneficios como ciertos niveles de seguridad y comodidad dentro del vehículo. Hoy con el avance tecnológico dentro de la industria automotriz, los clientes buscan otros beneficios, por ejemplo, los sistemas de asistencia de conducción, cámaras de 360 grados, sensores de estacionamiento, pantallas táctiles y conectividad en línea son solo algunas de las características que se han añadido para hacer que los vehículos sean más atractivos para los clientes.

Otro ejemplo de cómo un producto puede modificarse de forma innovadora para satisfacer las necesidades de los clientes es a través de la personalización. Empresas como Nike permiten que los clientes personalicen sus zapatos deportivos para que se adapten a sus gustos y necesidades específicas, como la elección de colores, materiales y diseños. Esto les permite a los clientes obtener un producto que se adapte exactamente a sus necesidades y gustos, lo que les brinda una experiencia de compra más personalizada y satisfactoria.

Finalmente, otra forma de conocer las necesidades de nuestros clientes es a través del feedback y la retroalimentación, donde es posible obtener información valiosa sobre cómo se está cumpliendo con las necesidades del cliente y qué aspectos pueden mejorarse.

Esto puede incluir la recopilación de comentarios y opiniones de los clientes a través de encuestas, entrevistas o redes sociales, o la observación de los patrones de comportamiento del cliente para identificar áreas de oportunidad. Es importante utilizar esta información de manera efectiva y hacer los ajustes necesarios para mejorar la experiencia del cliente y mantener su satisfacción y lealtad a largo plazo.

Como ejemplo a esto imaginemos que un gerente de una tienda de ropa y accesorios para mujeres recibe por la página web de la empresa comentarios de varios clientes que dicen que les encanta la calidad de la ropa, pero que les resulta difícil encontrar su talla en algunos productos. Además, algunos clientes sugieren que les gustaría ver más variedad en estilos y colores.

En este caso, la retroalimentación de los clientes te ha brindado información valiosa sobre sus necesidades y deseos. Puedes usar esta información para hacer mejoras en tu negocio y satisfacer mejor las necesidades de tus clientes como ampliar el inventario con más tallas según la demanda de los clientes y el stock de las tallas con más ventas en los últimos meses, ampliar la gama de estilos y colores, y ofrecer descuentos a los clientes que se toman el tiempo de proporcionar comentarios con el fin de incentivar la participación continua de los clientes y demostrar que se toma en cuenta su opinión.

ESTABLECIENDO LAS EXPECTATIVAS DEL SERVICIO

Establecer expectativas del servicio es una parte importante de la gestión de la calidad del servicio en cualquier empresa o organización. Se trata de definir y comunicar claramente qué se espera del servicio que se proporciona a los clientes o usuarios, tanto en términos de nivel de calidad como de disponibilidad y accesibilidad.

Es otras palabras, las expectativas del servicio comprende todas las acciones y las respuestas que se establecen como procedimiento de atención, todos los servicios proporcionados y los estándares de calidad predefinidos que se entregan al cliente. Como cada una de estas respuestas y el nivel de calidad son propios de la atención de la empresa, los clientes asumen y exigen que siempre se cumplan, convirtiéndose en lo mínimo que se espera de dicha empresa.

Para establecer expectativas del servicio adecuadas, es importante tener en cuenta las necesidades y expectativas de los clientes y usuarios. Esto implica realizar una investigación de mercado y un análisis de la competencia; herramientas como realizar encuestas, entrevistas o focus group a los clientes para conocer sus necesidades y expectativas suelen brindar resultados muy útiles para la toma de decisiones.

Una vez que se han identificado las expectativas del servicio, es importante establecer objetivos y metas específicas para cumplir con estas expectativas. Estos objetivos deben ser medibles y alcanzables, y deben incluir plazos para su cumplimiento.

Es importante también establecer un plan de acción para asegurar el cumplimiento de estas expectativas del servicio. Este plan debe incluir una serie de pasos concretos para garantizar que el servicio se proporcione de manera efectiva y eficiente, y debe incluir tanto medidas preventivas como correctivas. En este sentido, alcanzo algunos pasos que puedes seguir para establecer este plan de acción:

1. Identifica cuales son las expectativas de tus clientes.

2. Evalúa el servicio que actualmente brindas a tus clientes.

3. Establece objetivos claros, alcanzables y medibles para mejorar tu servicio actual.

4. Establece acciones específicas y responsabilidades que involucren a todo el equipo para alcanzar los objetivos trazados.

5. Establece un plan de capacitación al equipo de servicio al cliente según los hallazgos del servicio actual. Estas capacitaciones deben ser secuenciales y continuas con una evaluación al cierre de cada una.

6. Realiza seguimiento y evaluación del avance para establecer el progreso y los ajustes necesarios para alcanzar los objetivos trazados.

La comunicación con los clientes es clave para establecer y mantener las expectativas del servicio en condiciones óptimas. Es importante informar a los clientes y usuarios sobre cómo se proporciona el servicio y cómo se pueden reportar problemas o hacer sugerencias. Los canales de comunicación activos para atender las necesidades y preguntas de los clientes y usuarios deben quedar siempre claros para evitar expectativas no cubiertas.

Por ejemplo, si una empresa tiene implementado en su página web un chat para comunicarse con sus clientes que tengan consultas y requerimientos, pero al cabo de cierto tiempo se decide abrir un canal de atención por WhatsApp (ya que se le considera más fácil de usar y más cercano con los usuarios), reemplazando su chat, deben comunicar a los clientes cuáles serán los canales de atención vigentes y desde qué fecha se dará de baja el chat que aparece en la página web. Esto para evitar que algunos clientes busquen innecesariamente la opción del chat y al no encontrarlo piensen que la empresa no tiene los canales de contacto habilitados.

La capacitación del personal es otro aspecto clave para asegurar el cumplimiento de las expectativas del servicio. Es importante asegurar que el personal siempre esté bien capacitado en cuanto a los procesos y procedimientos necesarios para proporcionar un servicio de calidad. También es importante brindar a los empleados las herramientas y recursos necesarios para realizar su trabajo de manera eficiente y efectiva.

En este punto debemos considerar que es recomendable evitar una alta rotación de miembros del equipo de servicio al cliente, ya que la curva de aprendizaje por lo general es alta y es muy común ver como los indicadores de servicio de dicho canal se ven afectados.

La gestión del tiempo es otro aspecto necesario para asegurar el cumplimiento de las expectativas del servicio. Es importante establecer plazos y horarios adecuados para la realización de tareas y la atención de los clientes, y asegurar que se cumplan estos tiempos de manera consistente.

El problema de no definir tiempos para las diferentes atenciones es que puede existir tiempos muertos durante las horas de trabajo, o se puede asignar más minutos u horas para gestionar una tarea cuya demanda es menor, o al revés, tener establecido un tiempo muy limitado para tareas cuya gestión debe ser en un tiempo mayor para no sacrificar la calidad.

Como vemos, establecer expectativas del servicio es una parte importante de la gestión del servicio al cliente, ya que permite a nuestros clientes saber qué esperar del servicio que brindamos y a los empleados tener una guía clara sobre lo que deben proporcionar en cada interacción o tarea.

También es importante establecer objetivos y metas claras y alcanzables para el servicio al cliente. Esto puede incluir la reducción de tiempos de espera, la mejora de la resolución de problemas, aumentar el nivel de servicio u obtener un cierto nivel en la satisfacción del cliente. Estos objetivos deben ser medidos y revisados regularmente para asegurar el cumplimiento de las expectativas del servicio y la identificación de puntos de mejora.

Otro punto crucial es la formación y el desarrollo del personal para desarrollar las tareas propias de su puesto y aquellas adicionales que la demanda de trabajo solicite. Los empleados deben estar capacitados en las habilidades y técnicas necesarias para proporcionar un servicio excepcional (no regular o mediocre) a los clientes. Esta capacitación debe incluir el uso de las herramientas que en su gestión diaria utilizarán. Además, deben ser informados sobre las expectativas del servicio, como su posición contribuye a cumplir dichas expectativas y qué acciones debe seguir.

Por otro lado, es importante establecer canales de comunicación adecuados para que los clientes puedan proporcionar retroalimentación, hacer preguntas, brindar comentarios o presentar sus reclamos y quejas. Esto puede incluir la creación de una línea de atención al cliente, una página de contacto en el sitio web, la implementación de diversos tipos de encuestas, la opción de enviar correos electrónicos o de mensajes directos a través de las redes sociales.

En caso de implementarse canales de contacto no directos como buzones de correo, encuestas o comunicación por redes sociales, es importante que se cuente con un equipo capacitado para atender / analizar dichas comunicaciones y se cuente con un texto de respuesta inmediato informando la recepción del mensaje, agradeciendo la comunicación y el tiempo utilizado, para que el cliente sienta que la empresa si presta atención a sus necesidades y opiniones.

Es fundamental asegurar que todos los empleados de la compañía estén comprometidos con el servicio al cliente y que entiendan la importancia de cumplir con las expectativas del servicio. El cumplimiento o incumplimiento de dichas expectativas podrían afectan directamente la imagen y hasta la reputación de la empresa en caso la insatisfacción no sea atendida y corregida oportunamente.

Finalmente, considero que siempre es necesario comunicar las condiciones del servicio de una empresa a los clientes a fin de ser transparentes y no crear expectativas imposibles de cumplir. Esta comunicación debe ser clara y precisa, por ejemplo, con la publicación de las políticas de servicio dentro de las agencias de atención o la creación de un folleto que describa con claridad los estándares de calidad del servicio y los procesos que se deben seguir para atender a los clientes. Como un amigo siempre señala, "las cosas claras desde el principio siempre despejan las dudas".

COMUNICACIÓN EFECTIVA CON EL CLIENTE

La comunicación es esencial para transmitir ideas y trasladar conocimientos hacia otra persona o grupos de personas. Implica la trasmisión y recepción de mensajes a través de diferentes medios como la escritura, el habla, los gestos, las imágenes, los videos o los gestos.

Pero no en todos los casos este intento de trasmitir ideas logra su propósito ya que en algunas circunstancias el mensaje no es suficientemente claro, porque los canales usados no es el más idóneo o porque el contexto en que se envió el mensaje no fue el ideal para trasmitir el mensaje.

Por otro lado, la comunicación efectiva va un paso más allá, es donde se consigue trasmitir el mensaje de forma entendible y clara sin que existan dudas por parte del receptor. En otras palabras, cuando se efectúa una comunicación efectiva el mensaje central, su significado y su intensión logran ser entendidos.

Para el mundo de los negocios, la comunicación <u>siempre debe ser efectiva</u> para que los mensajes emitidos por las áreas de Marketing y Servicio al Cliente se transmitan correctamente asi como las ideas centrales de los productos que la empresa brinda, sus beneficios frente a la competencia y como resuelven un problema o preocupación del cliente.

Una comunicación efectiva puede mejorar la satisfacción del cliente, fomentar la lealtad de los clientes y aumentar las ventas. Un dato: siempre comienza con escuchar activamente a los clientes. Esto significa que se debe prestar la máxima atención a lo que dicen nuestros clientes, hacer preguntas para aclarar su mensaje y mostrar interés en sus necesidades y en sus preocupaciones.

Una vez que se entiende lo que el cliente está diciendo, es importante responder de manera clara, precisa y con la información completa, proporcionando información relevante y útil según el mensaje del cliente.

Además de escuchar atentamente y responder lo que nos están consultando, es importante ser amable y mostrar empatía con cada cliente. Esto puede ayudar a calmar el enojo, disminuir la preocupación y puede ayudar a establecer una relación de mayor confianza.

La empatía ayuda a entender mejor las necesidades y preocupaciones del emisor del mensaje y a proporcionar un servicio más personalizado y satisfactorio. Para ello se debe realizar diversas preguntas para entender mejor la perspectiva y sus sentimientos, lo que mostrará al cliente que estamos interesados en él y en su necesidad. A menudo compartir historias personales o de terceros relacionados en el mismo tema que se está tratando un cliente ayudar a humanizar la relación y a demostrar que eres más que un proveedor de servicios o productos, sino también alguien que se preocupa por las personas detrás de las transacciones.

La transparencia también es un componente importante de la comunicación efectiva con el cliente. Es importante ser honesto y abierto con los clientes sobre cualquier problema, retraso u observación que pueda surgir. Proporcionar una explicación sincera y "sobretodo" un plan de acción para resolver el problema puede ayudar a tranquilizar al cliente y mostrar que se está tomando en serio su preocupación.

Quiero recalcar que las empresas de servicios deben estar un paso adelante en la solución de los problemas de sus clientes. Si uno de nuestros usuarios tiene un imprevisto con su solicitud la que se verá retrasada u observada, el área de servicio al cliente debe contactar a dicho cliente informando el estatus real y los posibles caminos de solución ya evaluados a fin que el cliente sea quien tome la decisión sobre cual escoger, pero nunca se debe informar sólo el problema (sin la solución) o esperar que el cliente defina el camino por donde se debe ir.

Lo antes señalado implica tener una buena comunicación interna entre las áreas de la empresa, para poder brindar un diagnóstico integral y las posibles soluciones, buscando un servicio consistente y de alta calidad, a pesar del inconveniente. Por ello es necesario contar con protocolos y flujos claros, donde cada equipo sepa sus funciones según el tipo de escenario que se presente, acompañado siempre de un plan de capacitación continua para los empleados, garantizando que todos los miembros del equipo estén al tanto de las políticas y procedimientos de la empresa asi como de la normativa vigente.

La comunicación efectiva también implica saber cuándo y cómo utilizar diferentes los canales de comunicación. Por ejemplo, algunos clientes siempre preferirán una atención presencial con un ejecutivo, otros el hablar por teléfono, mientras que otros querrán comunicarse por correo electrónico o a través de las redes sociales, finalmente están los que gustan de auto atenderse por medio de un aplicativo o la página web de la empresa. Por ello es importante estar disponible a través de varios canales para satisfacer las diferentes necesidades de comunicación de nuestros clientes, muy a pesar que la tendencia del mercado nos lleva a los canales digitales.

En un mundo interconectado y tecnológico es impensable no utilizar las herramientas que la tecnología pone a nuestras manos. Por ello menciono 5 opciones con las que se puede mejorar la comunicación con los clientes que aplican a cualquier negocio:

1. Implementar el clásico sistema de correo electrónico masivo: Puedes utilizar herramientas de email marketing para enviar correos electrónicos <u>personalizados</u> a tus clientes con ofertas especiales, actualizaciones de productos o servicios, y otras informaciones relevantes para ellos. Acá recomiendo utilizar siempre dominios certificados a fin que tus mails no se bloqueen o se deriven a la carpeta de spam (correos no deseados).

2. Desarrollo de un chat en línea: Proporciona una forma rápida y efectiva de comunicarse con tus clientes y responder a sus preguntas o inquietudes <u>en tiempo real</u>. Hoy en día existe la posibilidad de incluir a esta alternativa un bot que resuelva las preguntas más frecuentes que los clientes tienen. Para ello deberás identificar los 5 o 6 temas más consultados (los principales) y trasladarlos como opciones dentro del bot a fin que el cliente se auto atienda y sólo pida la atención de un ejecutivo en caso no pueda resolver su consulta.

Ahora, si deseas que tu bot esté un paso más allá de lo ordinario, podrías configurarlo para que permita validaciones de identidad según los protocolos de seguridad y brinde acceso a información restringida de la cuenta de tus clientes. Por ejemplo, que al pasar los filtros de seguridad obtenga un código que llegue por SMS (con cierto periodo de vigencia) para que al ingresarlo al bot acceda a ciertos certificados, informes o estados de cuenta.

3. Creación de una comunidad en línea: Establece un foro o grupo en línea para tus clientes, donde puedan compartir sus experiencias, dar sugerencias y brindar retroalimentación. Una buena idea para esto es un blog personalizado donde expongas casos de éxito, problemas resueltos, experiencias de clientes estrellas, novedades de productos, noticias relacionadas al sector, etc.

4. Uso de las redes sociales: Las plataformas de redes sociales como Facebook, Twitter, Instagram, TikTok y LinkedIn son una excelente manera de llegar a tus clientes y mantener una comunicación activa con ellos. Antes debes realizar un análisis del mercado objetivo al que deseas llegar y el material que crearás, ya que el público que utiliza LinkedIn es muy distinto a la que utiliza TikTok.

    En pleno siglo XXI, una empresa que no está en redes sociales literalmente está muerta.

5. Organización de eventos y webinars: Ofrece a tus clientes la oportunidad de participar en eventos en presenciales o en línea, donde puedan aprender sobre tus productos o servicios, puedan

probarlos (si fuese posible) y hacer preguntas directamente a tu equipo. Estos eventos también pueden ser una excelente manera de fomentar la interacción y la construcción de relaciones duraderas con tus clientes, creando una diferenciación con las demás empresas del mercado (no hablo sólo de la competencia directa).

pág. 34

KPI Y LA MEDICIÓN DE LA EXPERIENCIA AL CLIENTE

Los indicadores clave de rendimiento o comúnmente conocidos como KPI, son importantes ya que te permiten contar con resultados que manifiestan si un producto o servicio es eficiente, satisfactorio o si está dentro de los estándares mínimos requeridos.

Para el caso de Servicio al Cliente, los KPI nos permitirán medir y evaluar si el contacto de la empresa con sus clientes a través de sus canales de atención es eficiente y de calidad. Estas métricas y sus resultados brindarán un análisis sistemático, evolutivo y real de como el equipo de los canales de atención y los equipos de soporte realizan sus funciones y como la experiencia del cliente se ve afectada por ello.

Si bien la medición es importante ya que refleja el desempeño, lo más importante es el seguimiento y el análisis de cada resultado a fin de encontrar elementos que necesiten ajustes o mejoras con el fin de mejorar la satisfacción y experiencia del cliente.

Muchas empresas se enfocan sólo en uno o dos indicadores relacionados al servicio al cliente (en algunos casos más) pero sus resultados no los ajustan a la estrategia de la empresa, por lo que no se les brinda el peso adecuado para realizar ajustes de alto impacto. Con esto quiero decir que, si la empresa no interioriza que la relación con sus clientes es lo principal dentro de sus operaciones, midiendo constantemente a fin de encontrar falencias o puntos de mejora, no podrá retener y fidelizar a sus consumidores, sino que corre el riesgo de tener un constante flujo de migración de clientes hacia la competencia.

Y es que contar con contar con indicadores dentro de Servicio al cliente permitirá conocer el desempeño del área y de cada representante de atención al cliente, identificar puntos de quiebre y cuellos de botella, disminuir tiempos de atención, tomar las mejores decisiones para el negocio, crear estrategias que impacten en los clientes creando fidelidad y recomendación con terceros.

En mi experiencia, puedo señalar que existen muchos tipos de KPIs, modificables y adaptables a la necesidad de cada empresa (según la realidad que esta afronta), pero recomendaría considerar las siguientes:

1. Nivel de servicio. Este indicador básicamente mide si los equipos de los diferentes canales de atención están capacitados para cubrir la demanda de atención de los clientes bajo un determinado estándar pre definido.

   Lograr un alto porcentaje en el nivel de servicio implica que la empresa tiene la capacidad de cubrir la demanda del mercado o la coyuntura mientras que un nivel bajo demostrará que se debe evaluar robustecer el número de profesionales, aumentar las maquinarias asignada o fortalecer los equipos tecnológicos, depende del análisis realizado.

   Si tu empresa se dedica a la fabricación o distribución de ciertos equipos o enseres y tu nivel de servicio es bajo, deberás considerar aumentar tu inventario para cumplir con los pedidos y los tiempos. Para esto deberás evaluar adquirir o mejorar tus maquinarias (en caso de ser fabricante) o comprar mayores volúmenes si adquieres el producto de terceros.

   Por otro lado, si tu empresa se dedica a la atención de clientes por llamadas telefónicas e identificas que no cubres la demanda de llamadas entrantes, deberás considerar aumentar el número de posiciones luego de evaluar si el aumento es por motivos coyunturales o consistente en el tiempo. Esta evaluación te permitirá decidir si dichas posiciones son por tiempo limitado o permanentes.

2. Tiempo de respuesta. Es el tiempo que demora la atención de una solicitud, requerimiento o trámite desde que el cliente lo presenta.

En servicio al cliente, este indicador variará según el tipo de canal por el que se establece el contacto con el cliente. Por ejemplo, para una agencia de atención presencial, este tiempo abarca desde que el cliente ingresa a la oficina hasta que la atención ha concluido, para un call center abarca desde que la conexión empieza hasta que la llamada culmina, para el caso de sistemas de mensajería como WhatsApp o Messenger abarca desde el primer mensaje enviado por el cliente hasta el último respondido por el representante de servicio.

Para esta medición, muchas empresas que trabajan con equipos de call center y de sistemas de mensajería, sólo consideran la interacción con un representante, más no el tiempo utilizado en la interacción con el bot dentro del sistema (casi todos estos servicios tienen un bot configurado para brindar información específica y segmentar las atenciones), lo cual es un error ya que desde la perspectiva del cliente, el tiempo utilizado para contactar a la empresa empieza desde que la llamada entra o que se recibe el primer mensaje.

Alcanzo algunos datos estadísticos a considerar: más del 45% de clientes esperan que sus consultas se respondan en menos de 4 horas y el 12% esperan una respuesta dentro de los primeros 15 minutos, los clientes que se contactan por sistemas de mensajería como chat o WhatsApp esperan una respuesta dentro de los primeros 35 segundos.

3. N° de quejas y reclamos recibidos. Este indicador permite comprender cuál es el área, el producto o el servicio con mayores problemas dentro de la compañía.

Recordemos que una queja y un reclamo son la manifestación de un cliente que no está conforme con un producto o servicio ofrecido por una empresa y afecta directamente la satisfacción y recomendación de los clientes. La expresión de esta insatisfacción debe ser recibida por medios virtuales o físicos a disposición del cliente donde la empresa pueda obtener los mayores detalles de dicha insatisfacción (detalles que se valorarán al momento de dar la respuesta e identificar puntos e mejora).

Las quejas están más orientadas a la percepción del servicio ofrecido mientras que los reclamos se enfocan más en lo tangible. Por ejemplo, en un restaurante una queja podría enfocarse en la inconformidad por la demora en la atención o porque no tomaron el pedido completo, mientras que el reclamo se enfocaría en la entrega de un platillo con carne malograda o que los utensilios entregados para utilizarlos en la cena estén sucios.

Cada queja y reclamo deben ser considerados de forma individual y deben ser respondidos de la misma forma. Se debe considerar que lo aplicable a un caso no necesariamente calzará en otro, por lo tanto, la respuesta debe ser siempre personalizada.

Acá es importante señalar que lo ideal es no recibir quejas o reclamos, es lo ideal pero no es lo real. La estadística y los controles de las quejas y reclamos recibidos pueden llevarse por día, por semana, por mes, por trimestre, por semestre y por año, realizando comparativos de evolución de los reclamos recibidos y respondidos a favor del cliente o de la empresa.

Ampliaremos un poco más el tema de las quejas y cómo afrontarlas en un capítulo posterior.

4. Tiempo de solución de quejas y reclamos. Este es complemento del indicador anterior. Permite medir el tiempo promedio que se toma para emitir la respuesta a un reclamo o queja.

Tanto el indicador anterior como este normalmente está normado por una entidad que supervisa las quejas y reclamos presentados por los usuarios. Lo que se busca es que la respuesta este tipo de manifestaciones se realice de forma rápida y que el contenido de la respuesta esté enfocado en el tema central expresado por el cliente.

La medición de este indicador debe considerar el tiempo de análisis de la persona o del equipo asignado asi como si existe alguna derivación a otra área para obtener cierta información crucial para emitir la respuesta.

Es recomendable que se cree un sistema (por ejemplo, en una hoja Excel, un dashboard o un sistema externo) un semáforo que permita identificar cuando los tiempos asignados a recabar información o la formulación de la respuesta están tomando más del tiempo asignado y se corre el riesgo de caer en incumplimiento del tiempo de respuesta.

5. Nivel de satisfacción del cliente (CSAT). Esta medición busca cuantificar el nivel de satisfacción de los clientes dentro de una escala en base a las interacciones que ha tenido con la empresa. La evaluación se realiza por medio de una encuesta utilizando una pregunta básica y directa es ¿Cuán satisfecho estás con la empresa? O ¿te encuentras satisfecho con la empresa?

Esta satisfacción o insatisfacción puede originarse por la compra de un producto o la entrega de un servicio, pero sobre todo como el cliente lo ha percibido.

Este indicar permite obtener datos detallados y descriptivos de una interacción reciente donde se manifestará si la empresa cumplió o no con las expectativas del cliente.

La encuesta CSAT utiliza regularmente una escala del 1 al 5 bajo la escala de Likert:

- Muy Insatisfecho

- Insatisfecho

- Ni satisfecho, ni insatisfecho

- Satisfecho

- Muy satisfecho

Para obtener el índice de satisfacción solo es necesario llevar obtener el porcentaje del número de valoraciones positivas (números 4 y 5) del total de respuestas.

Luego de obtener el indicar, es necesario analizar los resultados positivos para identificar buenas prácticas y los resultados negativos para proponer acciones de mejora o cambio.

6. Net Promoter Score (NPS). Esta medición busca cuantificar el nivel de recomendación de los clientes dentro de una escala que va del 0 al 10. La evaluación se realiza por medio de una encuesta utilizando una pregunta: ¿Qué tan probable es que recomendarías nuestro producto/servicio/marca a un familiar o amigo?

Aquellos clientes que respondan con un puntaje entre 9 y 10 son considerados como promotores de la empresa y se espera que hables de forma positiva de la empresa. Los clientes que califiquen con un 7 u 8 son considerados como neutros y aunque pueden estar satisfechos con la empresa no están convencidos de recomendarla. Finalmente, aquellos clientes que calificaron entre 0 y 6 son considerados como detractores y si apreciación es que la empresa es mala por lo que no la recomendaría.

El NPS se calcula restando el porcentaje de detractores del porcentaje de promotores, lo que da como resultado un número que oscila entre -100 y +100.

Un NPS positivo puede ser considera como bueno, mientras que un NPS negativo indica que hay problemas que deben ser abordados. Aunque esta evaluación no siempre es aplicable ya que los estándares y objetivos de cada compañía es variable.

En mi opinión, la evaluación del NPS va más allá del CSAT ya que un usuario puede estar satisfecho con el servicio entregado por la empresa, pero no la recomendaría a una persona cercana ya que no termina de convencerla. La recomendación está un paso delante de la satisfacción pues busca que otros vivan la buena experiencia que se ha vivido.

Finalmente, debo señalar que la medición del NPS puede efectuase bajo el enfoque de relación o de la transacción, es decir, la recomendación de la empresa se basa en la experiencia en general con la compañía o se enfoca únicamente en la última interacción que se ha tenido. Muchas empresas utilizan el NPS transaccional como indicar base y constante mientras que el relacional lo ejecutan una o dos veces al año.

7. Tasa de conversión. La tasa de conversión busca brindar una estadística enfocada en la probabilidad que un cliente vuelva a comprar de nuevo un producto o actualice un servicio adquirido. También puede entenderse como la relación entre el número de usuarios que visitaron la web o una agencia con el número de usuarios que adquirieron un producto o servicio luego de dicha visita.

Por ejemplo, si 25000 personas accedieron a tu sitio web dentro de mayo y 1000 realizaron una compra, el resultado de conversión será dividir 1000 entre 25000, generando un valor de 0.04 lo que en porcentaje sería 4%.

Este indicador es sumamente importante ya que permite identificar si los esfuerzos realizados en el local, en el marketing, en la publicidad, en el personal, y en el servicio y/o producto se transforma en ingreso para la empresa.

Si el indicar es bajo quiere decir que se deben realizar ajustes evaluando los procesos más críticos y costosos versus las modificaciones más simples y rápidas.

8. Tasa de retención y de abandono. La tasa de retención de clientes busca identificar el porcentaje de clientes que se habiendo ingresado a la empresa en un periodo corto no se han trasladado a la competencia, sino que siguen

adquiriendo productos y/o servicios de la empresa.

Por otro lado, la tasa de abandono del cliente puede entenderse como el número de clientes que dejan de utilizar los productos y/o servicios de una empresa para utilizar los ofrecidos por la competencia. Se entiende que estos clientes no están dispuestos a efectuar una nueva adquisición ni permanecer en nuestra compañía.

Como vemos, el abandono de clientes equivale a pérdidas económicas actuales y futuras para la empresa.

Por ejemplo, si por cada mes de un año 100 clientes adquirían tus productos cuyo valor es de US$100, tu empresa obtenía una ganancia de 100x12x100 = $120,000. Pero si tu tasa de abandono es de 20% para el año siguiente, el ingreso será asi: 80x12x100 = $96,000. En otras palabras, el abandono le costó $27,000 al negocio.

La mayoría de las empresas invierten mucho dinero en atraer nuevos clientes, pero pocas se enfocan en garantizar que los clientes continúen haciendo compras. Así que para que cualquier negocio incremente sus ganancias y se sostengan en el tiempo, es muy importante tener una tasa baja de abandono y una alta de satisfacción del cliente.

RESOLUCIÓN DE PROBLEMAS Y GESTIÓN DE QUEJAS

Una queja es una expresión formal o informal de insatisfacción o descontento por algo, ya sea un producto, un servicio o una situación. Por ejemplo, un cliente puede hacer una queja sobre la calidad de un producto o sobre el trato recibido por un empleado.

Un reclamo, por otro lado, es una demanda formal o una petición para obtener una solución o una compensación por un problema o insatisfacción. Por ejemplo, un cliente puede hacer un reclamo formal a una empresa para obtener un reembolso o una solución a un problema con un producto o servicio.

Las diferencias clave entre una queja y un reclamo son la formalidad y la intención. Las quejas pueden ser informales y no siempre se espera una solución o una compensación, mientras que los reclamos son más formales y buscan una solución concreta a un problema. Además, las quejas pueden ser una simple expresión de insatisfacción mientras que los reclamos buscan una acción de la empresa por brindar una solución.

Pero la recepción de un reclamo no tiene porqué ser considerado como un punto negativo para la empresa, sino como un feedback de parte de los clientes a fin que el servicio y producto sean mejores. El problema viene cuando no hay una estrategia para analizar los reclamos, ni un plan para mitigar a futuro el incremento de estos, ni protocolos de actividades para brindar una solución integral en el menor tiempo posible.

Ahora, recibir un reclamo puede ser todo un reto y un desafío, pero hay ciertos pasos y actitudes que ayudarán mucho a atravesar estos momentos sin desatar una tormenta y en lo posible, ayudar al cliente en medio de su malestar:

1. Escucha atentamente: Escucha atentamente lo que el cliente está diciendo y asegúrate de comprender completamente su problema. Dale la oportunidad de expresar sus sentimientos y preocupaciones sin interrupciones, apuntando cada detalle de lo que el cliente expresa.

2. Mantén la calma y la cortesía: esto es básico. Mantén la calma y la cortesía en todo momento, incluso si el cliente está molesto o enojado.

Recuerda que es importante mantener una actitud profesional y respetuosa para resolver la situación, sobre todo si el motivo del reclamo es por causa de la propia empresa.

3. Toma notas: ya lo mencioné en el punto 1. Toma notas detalladas de todo lo que el cliente está diciendo para asegurarte de que no te pierdas nada importante y para tener una documentación precisa de la queja o el reclamo. Los tiempos, los detalles y cada situación son importantes para construir todo el marco del reclamo.

4. Ofrece soluciones: Una vez que hayas entendido el problema, el punto central y cada detalle del malestar, ofrece soluciones concretas, realistas y percibibles por el cliente. Trabaja con el cliente para encontrar una solución que satisfaga sus necesidades y expectativas, pero se tú quien le proponga las alternativas. Nunca esperes que sea el cliente quien tome la iniciativa de la solución pues entenderá que la empresa no toma la iniciativa para brindar un camino viable.

5. Haz seguimiento: Esto puede interpretarse de dos maneras: una haciendo tuyo el reclamo y otra viendo los cambios post respuesta del reclamo.
A) Una vez que recibiste el reclamo y en la medida de lo posible, haz seguimiento al caso hasta que se resuelva, consultando con las áreas

que intervendrán en cada etapa de la resolución procurando que no se exceda el tiempo para tomar acción. Finalmente, informando al cliente sobre la solución dada por la empresa. B) Después de resolver la queja o el reclamo, haz un seguimiento para asegurarte de que el cliente está satisfecho con la solución, considerando hacer cambios en tus procesos o políticas para prevenir problemas similares en el futuro.

6. Recuerda que el objetivo es resolver la queja o el reclamo de manera efectiva y satisfactoria para el cliente, lo que puede requerir paciencia, empatía por parte del representante de atención al cliente y trabajo en conjunto de las áreas operativas para resolver el reclamo y proyectarse en mejorar para evitar similares a futuro.

Como en algún punto atendido en este capítulo, es importante que la resolución de un reclamo sea considerada como una actividad crítica para la empresa donde las áreas competentes de brindar parte o toda la respuesta consideren esta actividad como la más crítica en ese momento. La estrategia lo es todo.

Por ello te presento algunas ideas de como incentivar en las áreas operativas la cultura de servicio, pero principalmente, la percepción de criticidad cuando se debe dar respuesta a un reclamo de un cliente:

- La visión de una empresa donde el servicio al cliente sea uno de los ejes centrales y que sea compartida con el personal permitirá enfocar a cada colaborador con el camino que la empresa considera es el camino a seguir. La visión debe ser siempre comunicada de forma clara y recordada periódicamente para que se le de la importancia debida.

- Los equipos operativos deben estar capacitados en los aspectos técnicos y prácticos de los productos y servicios de la empresa, pero también en cómo interactuar con los clientes de manera efectiva. Capacitar a los empleados en habilidades blandas, tales como la empatía y la escucha activa, es fundamental para fomentar una cultura de servicio al cliente.

- Es importante reconocer y recompensar a los colaboradores que se destacan en la resolución de reclamos y cumplen sus metas. Un sistema de incentivos basado en el rendimiento puede motivar a los empleados a esforzarse por cumplir sus objetivos, mejorar la satisfacción del cliente y en la resolución de problemas.

- La empresa debe establecer procesos claros para la resolución de reclamos, desde la recepción del reclamo hasta su solución final. La creación de un procedimiento de atención de quejas y reclamos es básica para cumplir objetivos, pero es una práctica poco común en empresas pequeñas y medianas. Los empleados deben conocer, interiorizar y seguir estos procesos para asegurar una resolución rápida y efectiva.

- Asi como la creación de objetivos y recompensas es necesario para medir el desempeño, el proporcionar retroalimentación constante a los empleados sobre dicho desempeño, en términos de servicio al cliente y en la resolución de problemas es el segundo escalón para alcanzar el siguiente nivel. Esta retroalimentación debe ser constructiva y orientada a mejorar, nunca enfocada en resaltar los errores y las metas no alcanzadas.

- Fomentar una cultura de aprendizaje continuo es esencial para crear una cultura de servicio y criticidad. Los empleados deben sentirse cómodos compartiendo sus experiencias y aprendiendo de los demás en un ambiente abierto, no acotado a los comentarios o experiencias que favorezcan a la empresa o a la gerencia.

En resumen, infundir la cultura de servicio y criticidad en los equipos operativos de una empresa, requiere de un enfoque integral que incluya una visión compartida, capacitación periódica, incentivos acordes a resultados, procesos y procedimientos claros, retroalimentación constructiva constante y una cultura de aprendizaje, todo dentro de un marco de transparencia para expresar con libertad.

Finalmente, es importante saber que no todas las personas que trabajan en actividades de servicio al cliente están capacitadas para recibir reclamos y atender clientes críticos. Estas actividades requieren un nivel superior de ciertas cualidades que se deben desarrollar con la experiencia de los años. Detallo algunas de ellas:

- Empatía. Capacidad de ponerse en lugar del cliente y comprender sus necesidades y expectativas.

- Paciencia: Un cliente crítico puede ser exigente y difícil de complacer, por ello el ser capaz de mantener la calma en situaciones de tensión es indispensable.

- Escucha activa: Todo representante de servicio al cliente debe ser un buen oyente y con la capacidad de identificar las necesidades del cliente.

- Comunicación efectiva: La entrega de información clara, exacta y concisa es de suma importancia cuando se está brindando una respuesta a una queja o reclamo.

- Identificar soluciones: No nos debemos quedar en el problema, paralizados por la situación. Se deben ser capaz de identificar y resolver los problemas del cliente de manera efectiva.

- Conocimiento del producto y servicio: las personas que atienden un reclamo deben tener un conocimiento profundo de los productos o servicios que ofrece la empresa, más allá de las características superficiales, para poder ofrecer soluciones efectivas a los clientes.

GESTIÓN DEL TIEMPO

El tiempo es valioso para las personas porque el tiempo es la única cosa que no se puede recuperar una vez que se ha ido. Las personas tienen un número limitado de días en su vida, y el tiempo que tienen disponible es precioso para lograr sus metas personales y profesionales, para disfrutar de la vida y para pasar tiempo con amigos y familiares.

El tiempo es valioso para las empresas porque el tiempo es un recurso limitado y no renovable. Las empresas tienen una cantidad limitada de tiempo para lograr sus objetivos y metas, y si no utilizan ese tiempo de manera efectiva, pueden perder oportunidades, ingresos y clientes.

La gestión efectiva del tiempo para las personas puede mejorar la calidad de vida, reducir el estrés y aumentar la sensación de logro personal. Para el caso de las empresas, permitirá mejorar la productividad, reducir el estrés y aumentar la rentabilidad.

Te presento algunas definiciones sobre qué es la gestión del tiempo para algunos autores:

"La gestión del tiempo es la habilidad de tomar el control de la cantidad de tiempo que dedicas a las actividades de la vida cotidiana, para lograr tus metas y objetivos" (Tracy, 2001).

"La gestión del tiempo es el proceso de planificación y ejecución de control sobre el tiempo que se dedica a las actividades, con el propósito de aumentar la efectividad y la productividad" (Covey, 1989).

"La gestión del tiempo es la práctica de planificar y controlar el tiempo que se dedica a las diferentes tareas y actividades, para lograr una mayor productividad y eficiencia" (Drucker, 2005).

En otras palabras, la gestión del tiempo es una habilidad clave para cualquier persona que desee ser productiva y alcanzar sus objetivos en la vida. Se trata de una habilidad que puede ser aprendida y mejorada a través de la práctica y la implementación de técnicas efectivas.

La gestión del tiempo se enfoca en maximizar el tiempo disponible para realizar tareas, minimizar el estrés y la ansiedad, y lograr un equilibrio saludable entre el trabajo y la vida personal.

La gestión del tiempo es un aspecto clave en el mundo empresarial. Las empresas y los negocios tienen plazos y objetivos específicos que deben cumplirse para tener éxito. Por lo tanto, es importante que los líderes empresariales comprendan cómo manejar su tiempo y cómo enseñar a sus empleados a hacer lo mismo. La gestión del tiempo puede ayudar a las empresas a ser más eficientes, a ahorrar tiempo y dinero y a mejorar la productividad general.

Una de las claves para la gestión del tiempo en el mundo empresarial es la planificación adecuada. Los líderes empresariales deben planificar su día de trabajo y establecer prioridades para las tareas y proyectos que deben completarse. La planificación ayuda a reducir la probabilidad de distracciones y permite que las tareas importantes se completen sin interrupciones.

Como experiencia personal debo decir que cuando era joven empezaba mis días de trabajo teniendo la mente siempre en los pendientes del día anterior y avanzaba según me acordaba y los pendientes que le día corriente me daba. Aprendí que llevar una lista de pendientes donde pueda colocarle prioridad o criticidad a dichos pendientes, me permitía atender mejor las actividades diarias sin desatender aquellas tareas que tienen alta prioridad.

Una de las técnicas más populares para la gestión del tiempo es la matriz de Eisenhower, que divide las tareas en cuatro categorías: importantes y urgentes, importantes pero no urgentes, no importantes pero urgentes, y no importantes y no urgentes. Esto ayuda a priorizar las tareas y enfocarse en lo que es realmente importante.

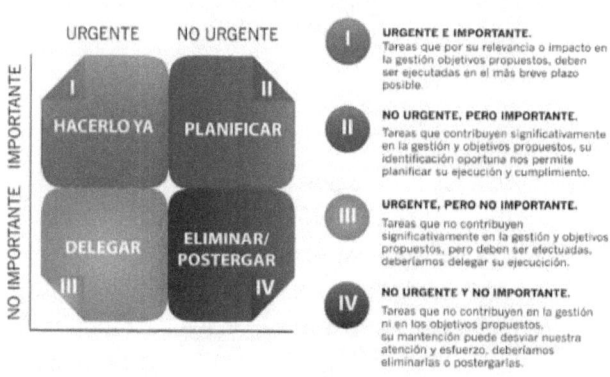

La técnica Pomodoro es otra técnica de gestión del tiempo que implica dividir el trabajo en intervalos de tiempo, generalmente de 25 minutos, llamados "pomodoros", seguidos de cortos descansos de 5 minutos. La técnica se llama así debido al uso de un temporizador de cocina en forma de tomate (en italiano, pomodoro) que se utilizaba para medir los intervalos de tiempo.

Aquí te presento los pasos para implementar la técnica Pomodoro:

1. Elige una tarea que necesitas realizar.
2. Configura un temporizador para un pomodoro de 25 minutos.
3. Trabaja en la tarea elegida durante el tiempo del pomodoro.
4. Una vez que el temporizador suene, detén el trabajo y tómate un descanso de 5 minutos.
5. Después de cuatro pomodoros completados, tómate un descanso más largo de 15 a 30 minutos.
6. Regresa al primer paso y repite hasta que completes la tarea.

La idea es que, al dividir tu trabajo en bloques de tiempo, y tomarte un breve descanso después de cada bloque, puedes mantener tu enfoque y productividad mientras evitas la fatiga mental y el agotamiento. También puedes usar la técnica para ajustar tu tiempo de trabajo y descanso de acuerdo con tus necesidades, lo que te ayudará a ser más eficiente y a alcanzar tus objetivos.

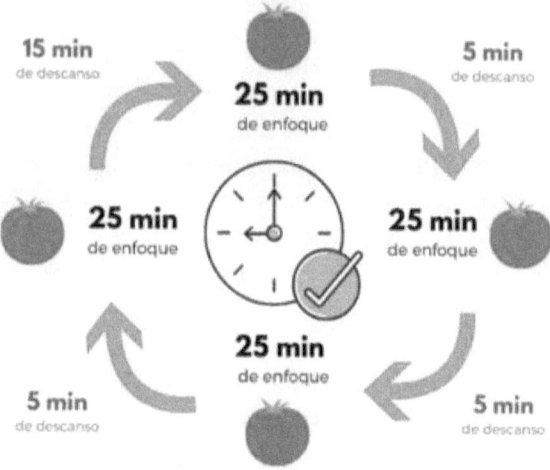

Otra técnica útil es el uso de herramientas de gestión del tiempo, como las aplicaciones de calendario o apps de gestión de tareas, que permiten programar actividades por importancia, establecer recordatorios, asignar plazos, entre otros. Además, estas herramientas permiten la sincronización en diferentes dispositivos y colaboración en equipo, lo que hace más fácil coordinar y organizar el trabajo.

El uso de herramientas tecnológicas puede ser de gran ayuda en la gestión del tiempo. Las aplicaciones de gestión del tiempo y de productividad permiten planificar tareas, programar recordatorios, establecer metas y monitorear el progreso, entre otras funcionalidades. Esto puede mejorar la eficiencia y ayudar a reducir el tiempo empleado en tareas menos importantes.

La gestión del tiempo también implica establecer metas claras y alcanzables. El establecimiento de metas ayuda a priorizar las tareas y a trabajar con un propósito. Además, es importante celebrar los logros alcanzados para mantener la motivación y seguir avanzando hacia los objetivos a largo plazo. (Díaz, 2021).

Otra estrategia de gestión del tiempo es la delegación de tareas. La delegación no sólo implica compartir responsabilidades con otras personas, sino también saber confiar en su capacidad para realizar ciertas tareas. De esta manera, se puede liberar tiempo para enfocarse en otras tareas importantes, lo que puede mejorar la eficiencia y reducir el estrés. (Fitch, 2019).

Otro punto importante pero poco atendido sobre la gestión del tiempo es la eliminación de elementos distractores. Los líderes deben asegurarse de que su entorno de trabajo y el de su equipo estén libres de distracciones, como correos electrónicos externos, mensajes de texto, llamadas telefónicas y reuniones innecesarias.

Las redes sociales y la navegación en línea también pueden ser un gran distractor en el lugar de trabajo, a pesar de ello, yo creo que la interconexión es parte del mundo en el que vivimos. Muchas de las aplicaciones que se utilizan en las empresas se encuentran en línea (a menos que se cuente con una licencia comprada), por lo que limitar el consumo en línea puede limitar la productividad en cierto modo.

Pero como conclusión podemos decir que, la gestión del tiempo es esencial para el éxito empresarial. Al implementar métodos de gestión efectiva del tiempo y eliminar o reducir el número de distracciones, se puede mejorar la concentración y aumentar la eficiencia en las tareas diarias, sea en el hogar o en un negocio.

TRABAJO EN EQUIPO Y LA COLABORACIÓN

El trabajo en equipo se refiere a la colaboración de dos o más personas para lograr un objetivo común. Es una forma efectiva de lograr resultados que no podrían alcanzarse si cada persona trabajara de forma individual.

Es una estrategia de colaboración en la que varias personas se unen y se esfuerzan de forma organizada para alcanzar un objetivo común. En el contexto empresarial, el trabajo en equipo puede mejorar la eficiencia, la productividad y la calidad de los resultados. Ayuda a fomentar la creatividad, la innovación y la diversidad de pensamiento en un entorno empresarial.

Alcanzo dos definiciones sobre Trabajo en equipo:

"El trabajo en equipo es un proceso de colaboración entre dos o más personas con habilidades y conocimientos complementarios, que se unen para lograr un objetivo común a través de la interdependencia, la comunicación efectiva, la coordinación y el compromiso compartido" (Hackman, 2002).

"El trabajo en equipo se refiere a la interacción y colaboración de un grupo de personas para lograr un objetivo común a través del compromiso compartido, la responsabilidad mutua y la coordinación de esfuerzos individuales" (Katzenbach & Smith, 1993).

Como vemos, el concepto de trabajo en equipo se relaciona con el de colaboración, compromiso, interdependencia, coordinación y comunicación. Y es que las tareas independientes son importantes y son de gran importancia, pero las tareas que conllevan la intervención de varias personas de forma coordinada para lograr un mismo fin, obtener un logro u cumplir un objetivo, requiere un nivel distinto de complementación.

Para que diferentes personas, a veces de diferentes áreas, puedan trabajar juntas para lograr un objetivo, es importante que se sigan ciertos parámetros, se establezcan prácticas de trabajo en equipo y se definan las tareas individuales. A continuación, te presento algunas recomendaciones:

1. Es de suma importancia que cada miembro de equipo pueda comunicarse con claridad con los demás miembros. Para ello es necesario contar

con canales de comunicación efectivos, un código o lenguaje claro y con herramientas de comunicación en tiempo real.

2. Cada miembro debe entender su rol, las funciones que debe cumplir y su responsabilidad dentro del flujo de trabajo o del proyecto. Cada supervisor o jefatura debe hacer seguimiento y asegurarse que cada participante cumpla con las actividades que se le asignan.

3. Todos los miembros del equipo deben tener una comprensión clara de los objetivos y metas del proyecto. Las metas deben ser específicas, medibles, alcanzables, relevantes y con un plazo definido.

4. Es importante establecer un proceso claro para la toma de decisiones en el equipo. Se debe discutir las diferentes opciones y llegar a un consenso sobre la mejor decisión, asi como el empoderamiento para que exista autoridad y libertad para accionar de la mejor manera para el cliente o el proyecto.

5. Es posible que surjan conflictos dentro del equipo y esto puede ser más cotidiano de lo que podemos esperar, pero es importante establecer

un proceso para la resolución de los conflictos que permita a los miembros del equipo resolver sus diferencias de manera constructiva sin afectar al cliente o a la empresa.

Ahora veamos algunos ejemplos sobre como el trabajo en equipo puede aplicarse a diversas situaciones:

1. Es común que cuando una empresa desea desarrollar un nuevo producto, abrir un nuevo servicio o evaluar una mejora de un producto actual, conforme un equipo de trabajo con personas de diferentes áreas a fin de que, desde sus diferentes ópticas, habilidades y experiencias, aporten para el diseño, desarrollo y el éxito del proyecto.

2. Cuando surge dentro de una empresa un problema o una crisis que afecte el normal desenvolvimiento de las actividades, es beneficioso formar un equipo de trabajo de alto desempeño para analizar, brindar un abanico de soluciones por aplicar y medidas para mitigar el riesgo de caer en situaciones similares.

Al trabajar juntos, el equipo deberá examinar el problema desde sus diferentes ángulos, según sus perfiles y experiencia, a fin de llegar a la mejor solución.

3. Cuando una empresa necesita llevar a cabo un proyecto a gran escala como la implementación de un nuevo sistema de software, la expansión a nuevos mercados o la apertura de una nueva planta/sede en una nueva región o país, puede formar un equipo de trabajo dedicado exclusivamente a ese proyecto.

El equipo trabajará para asegurar que el proyecto cumpla los requisitos establecidos por la normativa y las regulaciones, se complete dentro del plazo establecido utilizando el presupuesto previsto y principalmente, que se cumplan los objetivos establecidos por la empresa.

4. En un restaurante un cliente se acerca al mostrador para hacer una solicitud especial en su pedido, el cual cambiaría de lo previamente establecido en la pizarra de productos. Si todos los miembros del equipo trabajan juntos y se comunican de manera efectiva, pueden asegurar de que la solicitud del cliente se atienda correctamente. El mesero transmitirá rápidamente la solicitud del cliente al chef, quien a su vez informará a su personal de cocina para que estén atentos a la orden del cliente. El tiempo y la calidad del pedido es de suma importancia, por lo que trabajar articuladamente y de forma coordinada permitirá que el cliente recibirá su pedido exactamente como lo solicitó, lo que mejorará su experiencia general y aumentará la

probabilidad no solo que regrese al restaurante, sino que lo recomiende.

5. En una tienda minorista se acerca un cliente con una queja porque le entregaron un producto defectuoso. Si los miembros del equipo trabajan juntos, son flexibles y le brindan prioridad alta al reclamo, pueden abordar la queja del cliente de manera eficiente y satisfactoria. Por ejemplo, un representante del equipo puede hablar con el cliente para comprender mejor el motivo su queja, otro miembro verificará las características defectuosas del producto según la opinión del cliente. Con el análisis realizado, se debe buscar soluciones alternativas para resolver el problema, como corregir las características defectuosas (de ser posible) o entregar un nuevo producto en reemplazo del defectuoso. Si todo el equipo colabora y trabaja juntos de manera efectiva se podrá resolver el problema del cliente de manera rápida y eficiente, lo que rescatará la experiencia del cliente.

En resumen, el trabajo en equipo puede mejorar significativamente la experiencia del cliente al asegurar una comunicación efectiva y eficiente, así como una solución rápida y satisfactoria para cualquier problema que surja.

SERVICIO AL CLIENTE A TRAVÉS DE LA MULTICANALIDAD: REDES SOCIALES, WHATSAPP Y LA IA

El servicio al cliente ha evolucionado a lo largo del tiempo y ha experimentado cambios significativos en la forma en que se brinda atención.

La forma básica y tradicional de atender al cliente se brindaba de manera presencial, es decir, los clientes visitan una tienda física para recibir o adquirir un producto o servicio que a su criterio necesita. Luego, con el avance progresivo de la tecnología se implementó que este servicio al cliente se podía efectuar o complementar con una llamada a un número de teléfono para hacer preguntas, recibir ayuda, pedir información sobre ciertos productos, adquirir un producto o servicio y hasta para presentar un reclamo.

Sin embargo, con la llegada de la tecnología y la popularidad de Internet, la atención al cliente ha evolucionado y ahora también es posible brindar asistencia a los clientes de manera remota y virtual.

El desarrollo del servicio al cliente ha sido impulsado por varias tecnologías, incluyendo el correo electrónico, las aplicaciones de chat y las redes sociales. Estas herramientas permiten a los clientes contactar a las empresas en línea y recibir respuestas a sus preguntas, adquirir un producto o solicitar un servicio en cuestión de minutos. Además, la disponibilidad de la información en línea ha permitido a los clientes solucionar problemas por su cuenta sin tener que contactar a un representante de servicio al cliente, es decir, a través de sistemas de auto atención.

Esta atención remota ha permitido a las empresas ofrecer soporte a los clientes sin la necesidad de un contacto físico, y es que la atención remota incluye la asistencia telefónica, la atención por medio de chat en línea o del correo electrónico u otros medios de comunicación electrónicos. Esta multicanalidad permite al cliente tener varias opciones de atención donde sus consultas, requerimiento y reclamos puede ser recibidos y atendidos desde cualquier punto del planeta, lo que representa que para el cliente es más fácil contactar a la empresa, desde cualquier lugar, y que la empresa puede aumentar el número de contacto con sus clientes.

Además, la atención al cliente virtual ha permitido una mayor eficiencia en el servicio. Las empresas buscan automatizar sus procesos, trasladar sus atenciones a medios remotos o virtuales y en lo posible usar inteligencia artificial para brindar asistencia inmediata a los clientes. Los chatbots, por ejemplo, pueden responder a preguntas comunes y solucionar problemas simples sin la intervención de un representante humano, pero en la medida que se les configure de forma correcta se puede implementar flujos de atención donde a través de la autenticación del cliente (simple o compleja) se puede entregar información confidencial o informes que antes sólo se entregaban de forma presencial.

Junto con estas múltiples mejoras, es también necesario que los representantes de servicio al cliente adquieran conocimientos de las tecnologías que la empresa implementa y los servicios que son trasladados a los nuevos canales. De esta manera su servicio ya no es el único canal disponible, como lo fue en alguna época, sino que se complementa con la atención de un servicio inteligente y que previamente fue configurado.

Desde el punto de vista de la empresa se amplía el número de clientes atendidos y se simplifica el costo por mantener equipos físicos, agencias y representantes en módulos de una agencia.

El desarrollo de canales como WhatsApp y las redes sociales ha tenido un gran impacto en la forma en que las empresas brindan servicio al cliente. Estos canales de comunicación son altamente populares entre los consumidores y ofrecen una forma fácil y rápida de interactuar con las empresas.

En particular, el uso de WhatsApp para brindar atención al cliente se ha vuelto cada vez más popular. Los clientes pueden enviar mensajes directamente a las empresas a través de la aplicación y recibir respuestas en tiempo real. Esto proporciona una forma conveniente para que los clientes realicen consultas o resuelvan problemas sin tener que esperar en largas colas o esperar respuestas de correo electrónico.

Las redes sociales también han tenido un impacto significativo en el servicio al cliente. Las empresas pueden utilizar plataformas como Twitter y Facebook para interactuar con los clientes, responder a sus preguntas en línea y promocionar sus servicios y productos.

Sin embargo, el uso de canales como WhatsApp y las redes sociales también presentan desafíos, sobre todo los relacionados a la rapidez de respuesta y seguridad. Estos canales pueden ser considerados por los consumidores como altamente informales para servicios empresariales y muchos clientes pueden esperar una respuesta rápida, la cual no necesariamente puede llegar. Por ejemplo, realizar un pedido de pizza por Messenger o WhatsApp puede ser todo un reto si el consumidor está apurado y la empresa tiene pocos ejecutivos de servicio, aunque puede agilizarse si dentro de dichas herramientas se implementa un bot que en base a respuestas frecuentes se brinde atención a los consumidores.

Como ya hemos dicho, las empresas deben ser capaces modernas deben pensar en manejar múltiples consultas al mismo tiempo o establecer flujos de servicio donde los clientes se auto atiendan sin la intervención de un representante de servicio al cliente cuyo límite de atención simultánea es limitado.

Les brindo dos ejemplos de cómo la implementación de un canal de atención remoto y virtual puede mejorar el servicio al cliente, la experiencia y el nivel de servicio:

- Durante la emergencia sanitaria por el Covit-19 muchas empresas fueron forzadas a detener sus actividades por el distanciamiento social obligatorio y la cuarentena que en muchos lugares fue impuesto por los diferentes países. Sólo aquellas que pudieron implementar o ya tenían implementados sistemas de atención remotas, pudieron mantener contacto y servicios con sus clientes. Los chats virtuales, la atención por correo electrónico, WhatsApp y por Messenger fueron herramientas que permitieron a los clientes solicitar productos y servicios o consultar por el estado de sus solicitudes, asi como a las empresas tener activo el flujo de dinero necesario para mantener a flote la empresa en momentos tan difíciles.

Muchos clientes que durante esta etapa de sus vidas tuvieron disponibles canales activos de contacto con empresas que les brindan servicios o productos concluyeron que su experiencia fue muy satisfactoria y su fidelidad creció, ya que vieron como no fueron ignorados, sino que hubo esfuerzo por atender sus necesidades en momentos de crisis.

- Si bien canales como el WhatsApp o Messenger brindan alternativas de atención y de solución a las consultas de los clientes sin la necesidad de trasladarse a una localidad exacta, como una agencia, no necesariamente permiten la realización de trámites y requerimientos u obtener información confidencial de forma rápida y segura. En estos casos una buena alternativa es trasladar a un sitio seguro de la página web de la empresa un sistema de autenticación de la identidad del cliente para que por medio de este sitio seguro se puedan efectuar trámites críticos (de ser posible, los de mayor flujo) como la actualización de datos críticos (datos personales o bancarios), colocación o disposición de dinero utilizando cuentas bancarias (débito automático o retiro de saldo disponible).

Una empresa de seguros realizó las actividades antes descritas, evaluando qué procesos son los más requeridos por sus clientes y que al mismo tiempo son viables en su implementación por su web. Los resultados fueron sorprendentes pues no solo los clientes utilizaban estos procesos de forma recurrente, sino que hubo una migración en el flujo de atención de estos trámites de los canales presenciales (antes el 80% de las atenciones eran presenciales en una agencia) a este nuevo canal virtual (posterior a la implementación, el 90% de los clientes se atendían por la página web), invirtiendo la balanza de resultados.

Si bien las nuevas tecnologías han transformado la manera en que las empresas interactúan con sus clientes, permitiendo una atención más rápida, eficiente y personalizada, no quiere decir que son eternas o inamovibles. Hay nuevos descubrimientos y desarrollos que las empresas poco a poco empiezan a implementa y a utilizar dentro de sus protocolos y flujos de atención que mejora la experiencia del cliente y el nivel de servicio. Entre ellas podemos mencionar:

- Inteligencia Artificial: La inteligencia artificial (IA) permite a las empresas analizar grandes cantidades de datos para comprender mejor las necesidades y preferencias de los clientes. La IA también puede utilizarse para personalizar la experiencia del cliente, proporcionar recomendaciones y mejorar la eficiencia en el servicio al cliente.

  La IA también se está utilizando para analizar las opiniones y emociones de los clientes a través de la minería de datos y el procesamiento del lenguaje natural. Esto ayuda a las empresas a comprender mejor las necesidades y preferencias de sus clientes, y a personalizar sus servicios y productos en consecuencia.

La IA permite a las empresas recopilar y analizar grandes cantidades de datos de los clientes, lo que les permite personalizar la experiencia del cliente en función de sus preferencias y comportamientos. Esto puede incluir la recomendación de productos, la personalización de ofertas y la entrega de mensajes de marketing personalizados.

- Automatización: La automatización de procesos empresariales o automatización de procesos robóticos (RPA) permite a las empresas automatizar tareas rutinarias, como la entrada de datos, la gestión de inventario y el seguimiento de los pedidos. Esto puede reducir los tiempos de respuesta y mejorar la eficiencia en la atención al cliente.

Aquí hay una pequeña lista de algunas de las herramientas de RPA más populares para empresas modernas: UiPath (tiene una interfaz intuitiva y fácil de usar, permite utilizar el reconocimiento de texto e imágenes), Automation Anywhere (ofrece una amplia variedad de soluciones para la automatización de procesos, cuenta con herramientas de aprendizaje automático para automatizar procesos complejos y mejorar la eficiencia), Blue Prism (se enfoca en la automatización de procesos empresariales críticos, como el procesamiento de facturas y la gestión de inventarios), y Pega (se enfoca en la automatización de procesos end-to-end hasta la optimización de la experiencia del cliente).

- Plataformas de colaboración: Las plataformas de colaboración como Slack y Microsoft Teams permiten a los equipos de atención al cliente trabajar juntos de manera más eficiente. Estas herramientas permiten compartir información, asignar tareas y colaborar en tiempo real, lo que puede mejorar la resolución de problemas y la satisfacción del cliente.

En resumen, el desarrollo de canales como WhatsApp y las redes sociales ha tenido un gran impacto en el servicio al cliente. Estos canales han proporcionado una forma fácil y rápida para que los clientes interactúen con las empresas, lo que ha mejorado significativamente la experiencia del cliente. Sin embargo, también presentan desafíos que deben ser abordados por las empresas que buscan ofrecer un servicio al cliente efectivo a través de estos canales.

SERVICIO AL CLIENTE EN SITUACIONES DE CRISIS Y LA CONTINUIDAD DEL NEGOCIO

Una situación de crisis para una organización refiere a una situación en la que la empresa enfrenta una amenaza significativa para su capacidad de operar y/o mantenerse rentable. Esto puede ser causado por una variedad de factores, como una disminución en la demanda de sus productos o servicios, una interrupción en su cadena de suministro, un desastre natural, un problema legal o regulatorio, una mala gestión interna, una crisis de reputación, entre otros.

Una crisis puede tener un impacto negativo en la empresa en términos de su imagen pública, su rentabilidad, su capacidad para retener a sus empleados, y su capacidad para satisfacer las demandas de sus clientes. Además, una crisis puede afectar a otras partes interesadas, como proveedores, clientes, accionistas y la comunidad en general.

Las empresas deben estar preparadas para reducir la probabilidad de entrar en situaciones de crisis, hacer frente a una, lo que implica tener un plan de identificación de riesgos y de contingencia en su lugar, y tener la capacidad de tomar decisiones rápidas y efectivas para minimizar los daños y recuperarse lo más rápido posible. Por ello es necesario que, junto a la identificación de riesgos, toda empresa trabaje un plan de continuidad del negocio.

Hablando de la atención al cliente, una situación de crisis se refiere a un evento o circunstancia inesperada que afecta negativamente el flujo de atención y la experiencia del cliente de una empresa o marca, y que puede tener un impacto significativo en su satisfacción, lealtad y percepción de la marca.

Estas situaciones pueden incluir desde errores en la entrega de productos o servicios, problemas técnicos, retrasos en la respuesta a consultas o quejas, hasta situaciones más graves como desastres naturales, interrupciones en la cadena de suministro o escándalos públicos.

A continuación, se presentan algunas definiciones de la situación de crisis referidos a la atención al cliente:

- "Una situación de crisis en la atención al cliente se produce cuando las expectativas del cliente no se cumplen debido a un problema en el servicio, lo que puede generar una insatisfacción que puede afectar la imagen de la empresa" (García-Martínez, Pérez-Martínez, & Moliner-Tena, 2019, p. 60).

- "Una situación de crisis en la atención al cliente es un evento inesperado que produce un impacto negativo en la relación entre la empresa y el cliente, y que puede poner en riesgo la reputación y la estabilidad financiera de la empresa" (Cruz-Ferreira & Biedma-Ferrer, 2020, p. 128).

- "Una situación de crisis en la atención al cliente es un momento crítico en la relación entre la empresa y el cliente, en el que la forma en que se maneja la situación puede ser determinante para el éxito o fracaso de la empresa en términos de lealtad y satisfacción del cliente" (Valencia & Sandoval, 2018, p. 47).

Podemos mencionar diversas situaciones de riesgo, algunas pueden ser:

- Caída de los servidores principales de base de datos que impide la atención regular pues no se cuenta con datos de las cuentas de los clientes.

- Caída de los servidores de uno o varios proveedores de servicio de la empresa que afectan los canales virtuales implementados para la atención de clientes.

- Ataque cibernético que vulnera la seguridad de las cuentas e información resguardada por la empresa.

- Vulneración de la seguridad por suplantación y robo de información.

- Eventos de desastres naturales como un terremoto, deslizamientos o maremoto.

- Incendios en las agencias, edificios o instalaciones cercanas que pongan en riesgo la integridad del personal o de los clientes.

- Emergencia sanitaria que impide la atención presencial de los clientes.

Ahora, crear un plan de riesgos para la continuidad del negocio es una tarea importante y necesaria para garantizar que la organización pueda seguir operando en caso de crisis e interrupciones no previstas. A continuación, te presento algunos pasos para crear un plan de riesgos para la continuidad del negocio:

1. Identifica los riesgos: Lo evidente, lo primero que se debe hacer es identificar los riesgos que podrían afectar el negocio. Estos riesgos pueden

ser naturales (como terremotos, inundaciones, tormentas), tecnológicos (como fallas en los sistemas de TI), humanos (como huelgas, desastres intencionales) o cualquier otra cosa que pueda interrumpir sus operaciones.

2. Evalúa el impacto que cada riesgo podría tener: Una vez que hayas identificado todos los riesgos, es importante evaluar el impacto y la criticidad que cada riesgo identificado tendría en tu negocio si se produjera y la probabilidad que esto ocurra. Esto le ayudará a determinar qué riesgos son más críticos y cuáles pueden ser los más frecuentes, pero sobre todo, permitirá priorizar los esfuerzos en la planificación de mitigación.

3. Desarrolla estrategias de mitigación: Después de evaluar el impacto, la criticidad y la posible frecuencia de cada riesgo, debes desarrollar estrategias para mitigarlos. Será necesario implementar planes de contingencia para cada escenario de riesgo, realizar copias de seguridad periódica de los datos críticos de los clientes y de la empresa, crear flujos de atención alternos en caso los canales principales cayeran o dejaran de funcionar, crear métodos o canales alternos para mantener el nivel de atención de los clientes, entre otros.

4. Establecer un plan de trabajo y un equipo de respuesta ante una crisis: Es importante establecer el paso a paso de cómo afrontar el escenario de una crisis (por tipo y criticidad) cuando ésta está ocurriendo y un equipo de respuesta que pueda tomar decisiones rápidas y efectivas. El plan de respuesta debe ser aprobado por cada gerencia y compartida con todas las áreas de la empresa para el conocimiento de todos los colaboradores. Asimismo, el equipo debe estar compuesto por miembros calificados de diferentes áreas del negocio y debe estar capacitado en cómo responder a diferentes escenarios.

5. Prueba el plan, revísalo y actualízalo: Una vez que se ha desarrollado el plan, es importante probarlo para asegurarse de que funcione correctamente. La prueba debe incluir diferentes escenarios de riesgo y asegurarse de que todas las partes interesadas comprendan su papel en la respuesta a la crisis. En caso encuentres que debe modificarse o ajustarse ya que la práctica no coincide con lo señalado en el plan o porque hubo un cambio en las operaciones o tecnologías utilizadas, debe comunicarse con las áreas implicadas las propuestas de modificación y actualizarse según los hallazgos. Pero, para garantizar que el plan siga siendo relevante y efectivo, las pruebas y las revisiones deben ser periódicas.

De cara a la atención de los clientes, la expectativa negativa por una falla del sistema total o parcial puede ser todo un desafío, pero existen algunas prácticas que pueden ayudar a manejar la situación. Aquí hay algunos consejos:

- Lo primero que hay que hacer es admitir que existe un problema y se debe aceptar la responsabilidad como empresa. Es importante que cada representante de la atención de los clientes sea honesto y transparente sobre lo que ha sucedido y las acciones que se están tomando para <u>solucionarlo lo ante posible</u>, ya que la desinformación o la no entrega de información (que son distintas) son herramientas poderosas para la especulación y la no insatisfacción de los clientes más exigentes.

- Es importante ponerse en el lugar del cliente y entender cómo se siente cada uno, es decir, ser empático con el cliente. La falla del sistema o la paralización de las actividades el negocio parcial o total, puede haber causado inconvenientes, retrasos en los plazos, no ingreso de expedientes, retraso en el procesamiento de un trámite previamente ingresado o la pérdida de dinero. Comprender cada preocupación y mostrar empatía puede ayudar a construir o restituir la confianza y al mismo tiempo tranquilizar al cliente.

- Ofrecer una solución o un plan de acción puede ayudar a recuperar la confianza del cliente ya que le estamos brindando una alternativa al problema. En este punto la proactividad y el ingenio son cruciales para rescatar el servicio. Esto podría incluir el seguimiento del incidente hasta que se haya levantado para informar a los clientes que esperan su solución (acá recomiendo utilizar siempre canales personales como llamadas telefónica o mensajes por WhatsApp), reparar el problema (en caso esté dentro de las funciones del representante o jefe del área), ofrecer un reembolso o una compensación por el inconveniente causado (si es política de la empresa), entre muchas otras acciones. Por ejemplo, si el sistema se ha caído y tenemos a un cliente esperando en nuestra agencia, podemos tomar nota de sus datos de contacto y del requerimiento que busca realizar para que al restituirse la fluidez del sistema un equipo designado pueda llamarle y guiarle para que efectúe su solicitud vía remota/virtual o le entregue la información que buscaba.

- Aprender de la experiencia. Una vez que se ha resuelto el problema y se levantó el estado de crisis, es importante analizar lo que ha sucedido, las actividades realizadas en medio de la crisis asi como las reacciones de los clientes y buscar formas de evitar que vuelvan a suceder. Con esto, se debe actualizar, en caso amerite, los protocolos y manuales de atención al cliente asi como el plan de trabajo frente a una crisis.

Hace un tiempo, un amigo peruano trabajó en una empresa de pensiones y seguros cuya característica siempre había sido la innovación. Siempre buscaban como mejorar sus procesos, sus productos y sus servicios de cara al cliente para que sea el real beneficiario, lo cual a veces llevaba a modificar la normativa vigente.

Cuando el estado de emergencia llegó por la crisis sanitaria del Cóvid-19, todas sus agencias a nivel nacional tuvieron que cerrar y la atención presencial se suspendió de la noche a la mañana en el mes de marzo del 2020. Frente a esto, tuvieron que activar lo que ellos denominaron su "Agencia Virtual", la cual había estado en etapa de pruebas recibiendo sólo ciertos requerimientos y brindando atención muy limitada.

El reto era trasladar el 100% de trámites y requerimientos que se podrían efectuar en una agencia presencial a la nueva agencia virtual manteniendo la misma calidez, rapidez y eficiencia que ya los caracterizaban. Por ello, la empresa tomó 3 pasos claros con la mayor rapidez:

- Convirtió todas las solicitudes que se utilizaban en formato físico al formato virtual a fin de ser utilizadas en las futuras atenciones remotas.

- Habilitó el trabajo remoto para todo el personal de las agencias distribuyendo al personal en dos equipos para la atención de trámites y requerimientos de: las cuentas de los clientes o de empleadores, y la gestión de procesos de pensión y o retiro de dinero.

- Promocionó el nuevo canal de atención remota por medio de su Agencia Virtual, destacando que la atención no se ha paralizado y que sus clientes pueden contar con el profesionalismo y cercanía de su empresa.

La toma de decisiones, la organización y la implementación del plan solo demoró 3 semanas, por lo que a inicio de abril del 2020 el servicio de atención se había restaurado. Esto generó gran expectativa de los clientes permitiendo crecer mucho el nivel de satisfacción y de recomendación frente a la competencia, quienes no tuvieron pronta reacción ante la crisis ni se habían proyectado en desarrollar la atención remota de sus clientes.

CONCLUSIONES

En conclusión, el servicio al cliente es un aspecto crítico para cualquier negocio que desee tener éxito en el mercado actual. En un mundo donde las necesidades y expectativas del cliente están en constante evolución, es fundamental que las empresas comprendan y se adapten a las expectativas de los clientes para brindarles una experiencia satisfactoria y memorable.

Medir la experiencia del cliente es clave para determinar si se están cumpliendo o no las expectativas y necesidades de los clientes. Las empresas deben utilizar métricas como la satisfacción del cliente (CSAT) o el Net Promoter Score (NPS) para obtener una idea clara de cómo se sienten los clientes con respecto a su experiencia con la empresa. Estas métricas pueden ser utilizadas para identificar áreas de mejora y tomar medidas para mejorar la experiencia del cliente.

Además, en la era digital actual, es fundamental que las empresas modernicen sus estrategias de atención al cliente y utilicen nuevas tecnologías para brindar un mejor servicio al cliente.

Las tecnologías como la inteligencia artificial, el aprendizaje automático y los chatbots pueden ayudar a las empresas a brindar un servicio más rápido, más eficiente y personalizado a los clientes. Las redes sociales también son una herramienta poderosa para las empresas, ya que pueden ser utilizadas para interactuar directamente con los clientes y responder a sus preguntas y preocupaciones.

En resumen, el servicio al cliente debe ser una prioridad para todas las empresas. Las empresas que se centran en comprender las necesidades y expectativas de los clientes, miden la experiencia del cliente y utilizan nuevas tecnologías para mejorar la atención al cliente tendrán una ventaja competitiva en el mercado actual. Al final del día, todo se reduce a brindar una experiencia excepcional al cliente y construir relaciones duraderas basadas en la confianza y la satisfacción.

REFERENCIAS BIBLIOGRÁFICAS

Covey, S. R. (1989). Los 7 hábitos de la gente altamente efectiva. Paidós.

Drucker, P. F. (2005). The effective executive: The definitive guide to getting the right things done. HarperCollins.

Tracy, B. (2001). Eat that frog!: 21 great ways to stop procrastinating and get more done in less time. Berrett-Koehler Publishers.

Díaz, C. (2021). Importancia de establecer metas en la gestión del tiempo. Recuperado de https://www.iberdrola.com/talento/establecer-metas

Hackman, J. R. (2002). Leading teams: Setting the stage for great performances. Harvard Business Press.

Katzenbach, J. R., & Smith, D. K. (1993). The discipline of teams. Harvard Business Review, 71(2), 111-120.

Cruz-Ferreira, E., & Biedma-Ferrer, J. M. (2020). Las redes sociales como herramienta de atención al cliente en situaciones de crisis. Revista de Estudios Empresariales, 2(1), 127-143.

García-Martínez, M., Pérez-Martínez, P. J., & Moliner-Tena, M. Á. (2019). Efecto de la atención al cliente en la satisfacción del cliente y en la intención de recompra. Revista de Investigación en Marketing, 21(1), 57-72.

Valencia, R., & Sandoval, E. (2018). La gestión de la atención al cliente en situaciones de crisis: un análisis de la literatura. Revista de Ciencias Administrativas y Sociales, 5(1), 41-54.

www.ingramcontent.com/pod-product-compliance
Lightning Source LLC
Chambersburg PA
CBHW031446210526
45464CB00005B/2348